HAPPY PIANO

バイエルに入る前に

はっぴー・ぴあの 4

遠藤 蓉子・著

サーベル社

は じ め に

　本書は、小さいお子様の習い始めにおいて、バイエルを目指して楽しく実力をつけていくシリーズの第4巻です。いきなりバイエルに入ると行き詰まってしまうことも多いので、ある程度準備体操をしてから入るとすべてがやさしく感じて楽しく進んでいけるものと思われます。

　3巻までで、右手の高いドレミファソと左手のまん中のソファミレまでを習いましたので、この4巻の前半においては、左手のまん中のドを中心に習います。そして、後半においては、新しく付点二分音符と全音符を習い、両手のリズムへと進んでいきます。4巻までは片手練習が中心となっており、音符をしっかり覚えながら指の動きをなめらかにしていきます。そして、いよいよ5巻から両手の練習に入りますので、その準備の最終段階となっています。

　小さいお子様にとっては、すべてのことが大変なことですが、短い曲で楽しくひいていくことがピアノを好きになる近道と思われます。年齢に合わせてゆっくりと、またはスピードアップで進んでいってください。

　㈱サーベル社より「ハッピー・ワークブック」が対応ワークブックとして発売されていますので、ぜひ併用してください。本書が楽しいレッスンの一助になりますことを心より願っています。

2024年9月

遠 藤 蓉 子

もくじ

まんなかのどのおけいこ …… 4	きつね …… 19	リズムのおけいこ …… 34
まんなかのそふぁみれど …… 5	ゴリラ …… 20	おまつり …… 35
アップルパイ …… 6	にんじん …… 21	リズムのおけいこ …… 36
てぶくろ …… 7	テレビ …… 22	となりのねこ …… 37
こうもり …… 8	くも …… 23	リズムのおけいこ …… 38
フライドポテト …… 9	ツリーをかざろう …… 24	みかんのかわ …… 39
おんぷのカード …… 10	たいこ …… 25	おさるがきっきっ …… 40
かぼちゃのスープ …… 11	リズムのおけいこ …… 26	リズムのおけいこ …… 41
じてんしゃ …… 12	とおいまち …… 27	さむいあさ …… 42
コスモス …… 13	リズムのおけいこ …… 28	じゃんけんぽん …… 43
おんぷのカード …… 14	つきよ …… 29	リズムのおけいこ …… 44
シャンプー …… 15	もちつき …… 30	ぞうさんがとおる …… 45
とけい …… 16	ふうりん …… 31	ふなで …… 46
おにくとやさい …… 17	ライオン …… 32	リズムのおけいこ …… 47
きしゃ …… 18	すずめ …… 33	

まんなかのどのおけいこ （ひだりて）

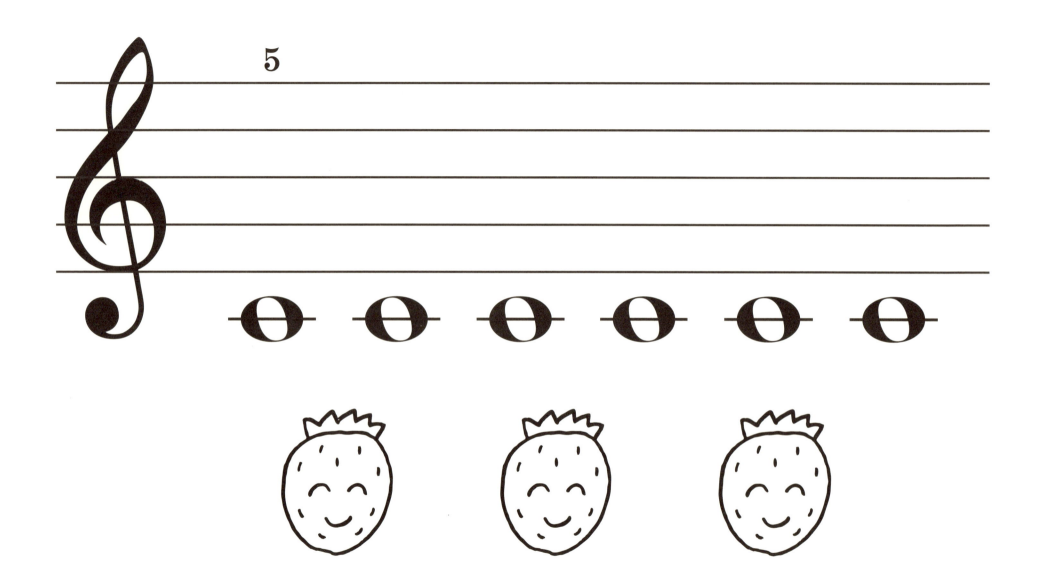

◎左手の小指でひきましょう。

まんなかのそふぁみれどのおけいこ（ひだりて）

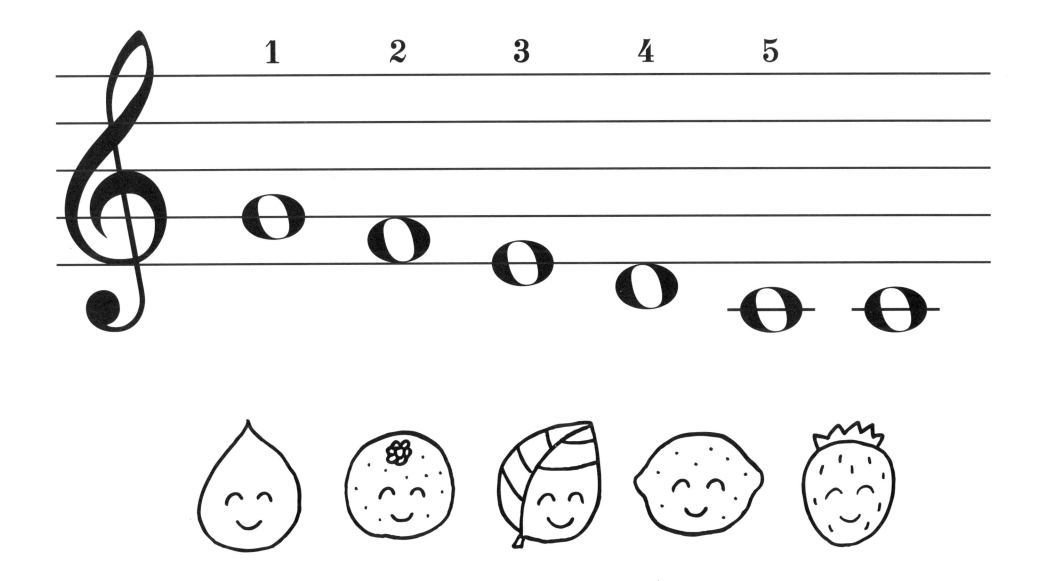

アップルパイ (ひだりて)

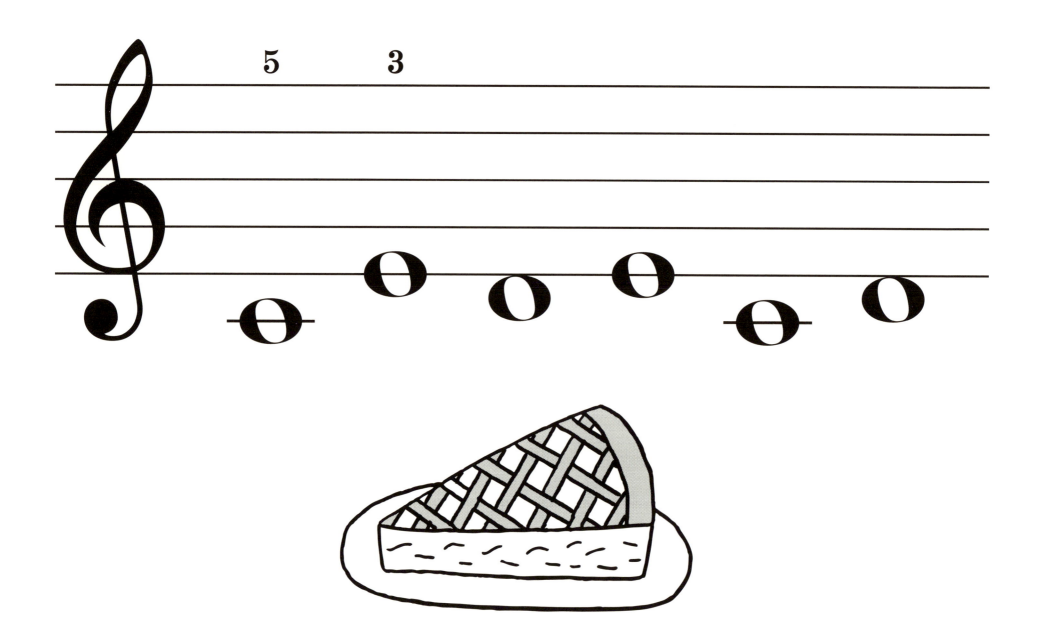

てぶくろ（ひだりて）

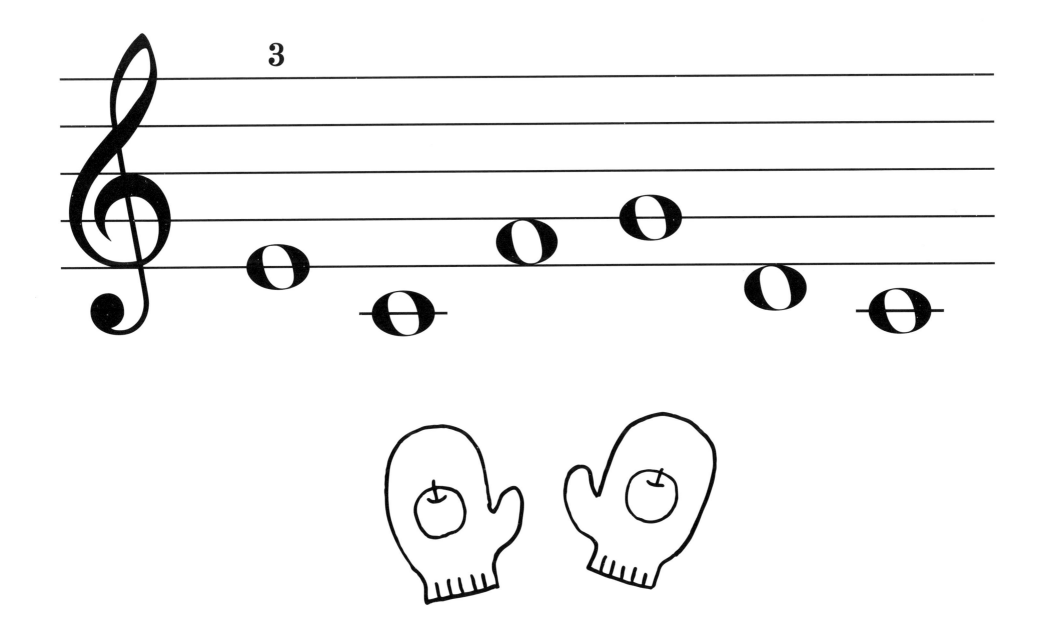

こうもり（ひだりて）

フライドポテト（ひだりて）

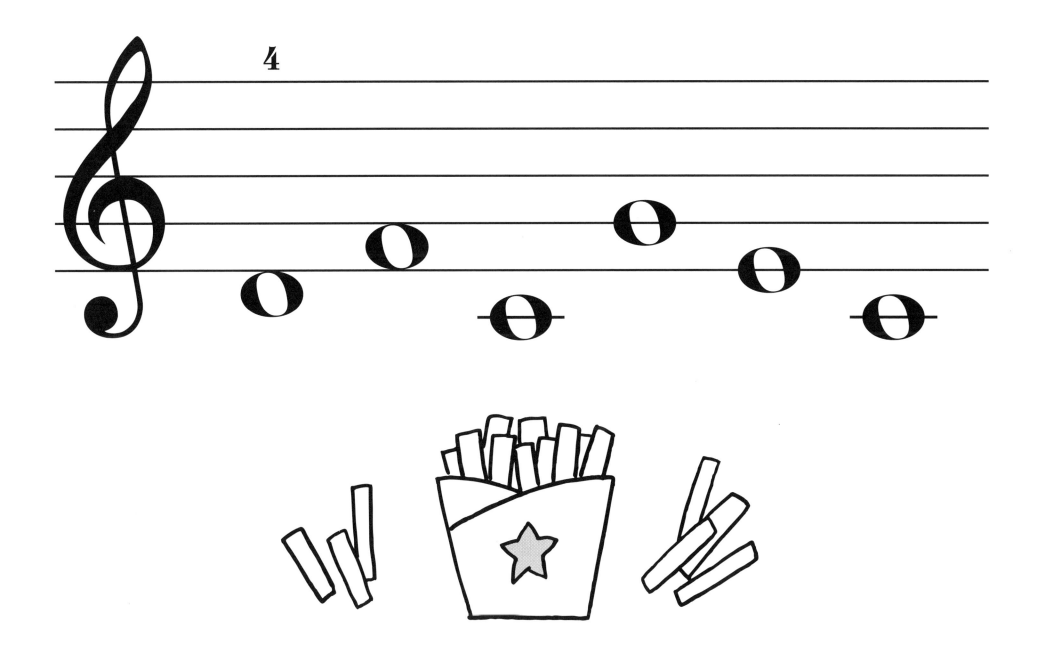

おんぷのカード（ひだりて）

◎左手でひきましょう。

かぼちゃのスープ （ひだりて）

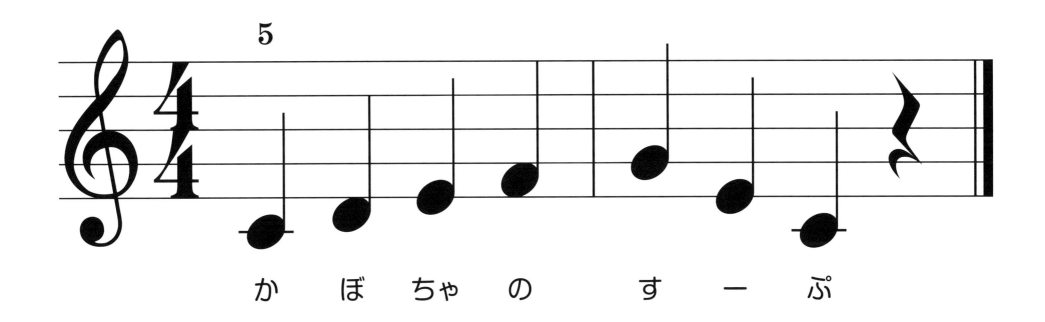

かぼちゃの　すーぷ

じてんしゃ（ひだりて）

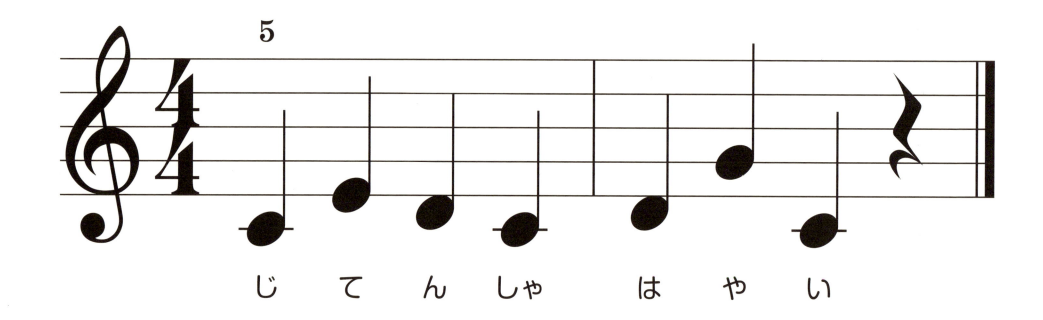

コスモス（ひだりて）

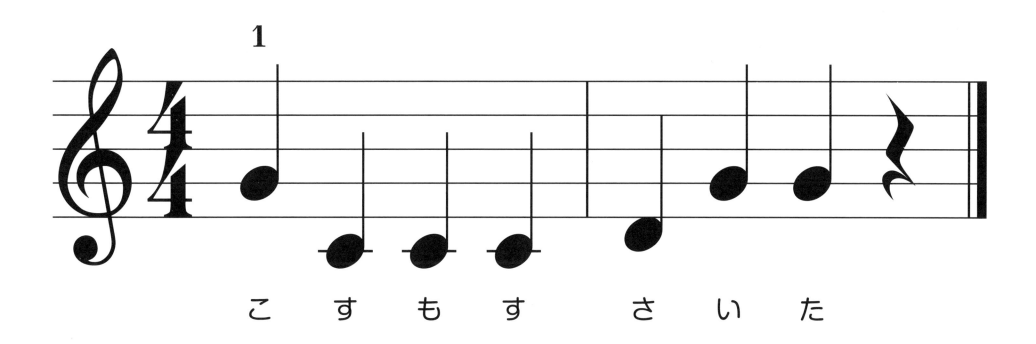

おんぷのカード（ひだりて）

◎左手でひきましょう。

シャンプー（ひだりて）

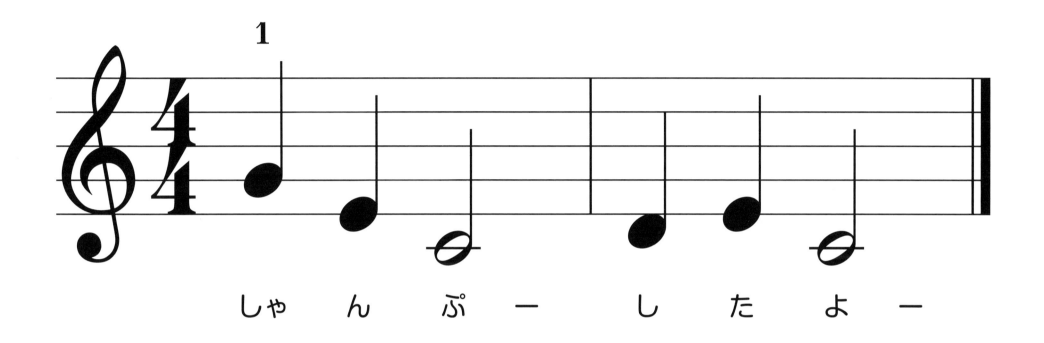

とけい（ひだりて）

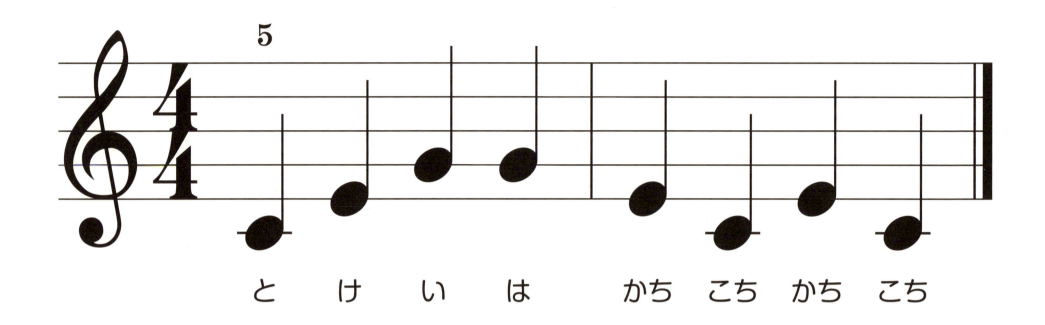

おにくとやさい（ひだりて）

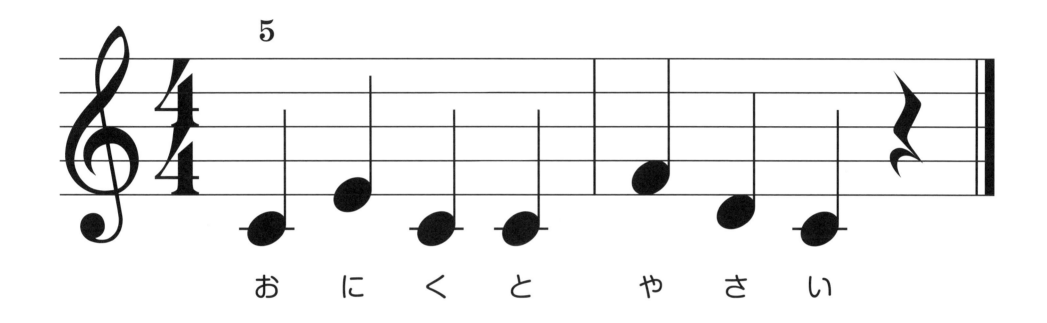

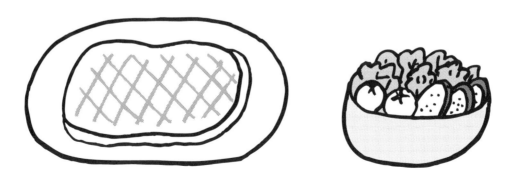

きしゃ（ひだりて）

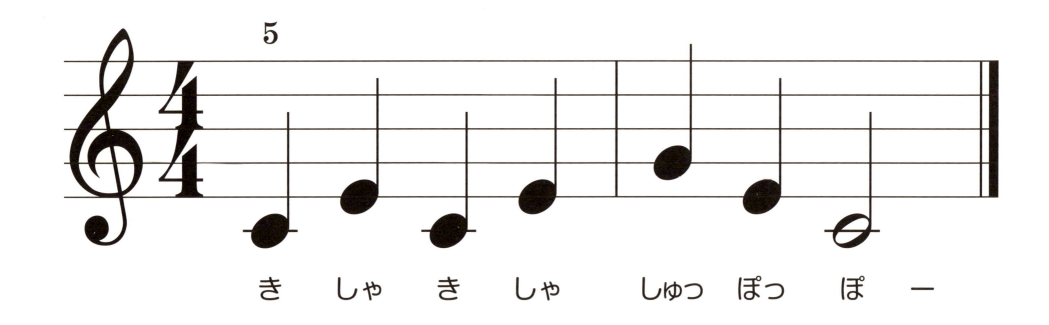

きつね（ひだりて）

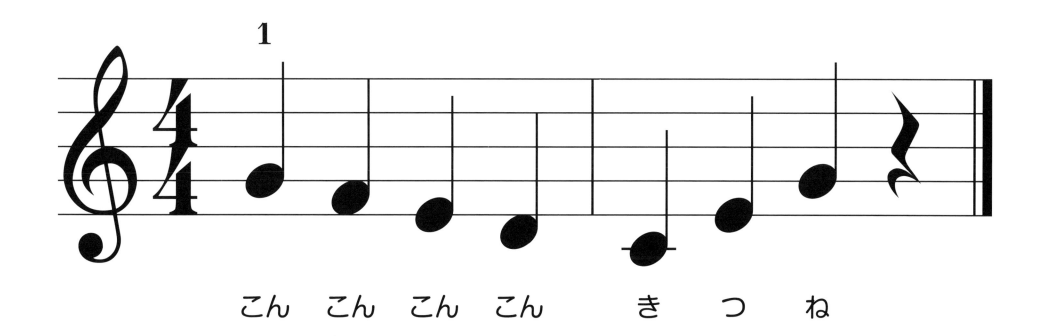

こん　こん　こん　こん　　き　つ　ね

ゴリラ（ひだりて）

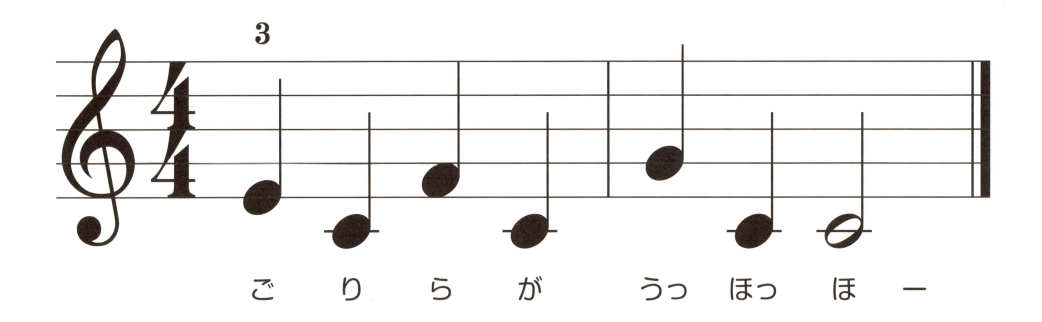

にんじん（みぎて）

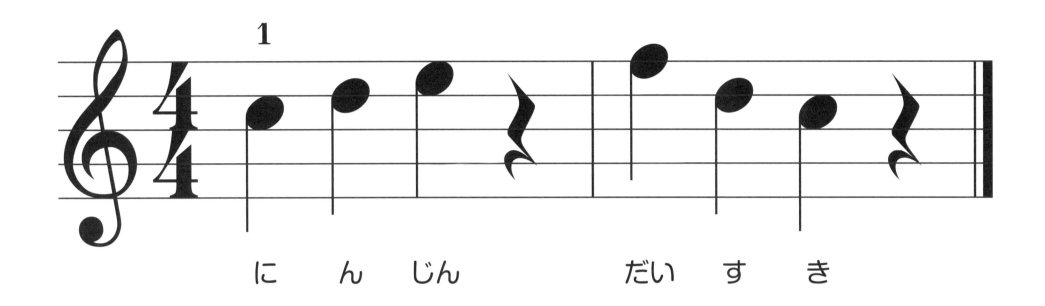

にんじん　　だいすき

テレビ (ひだりて)

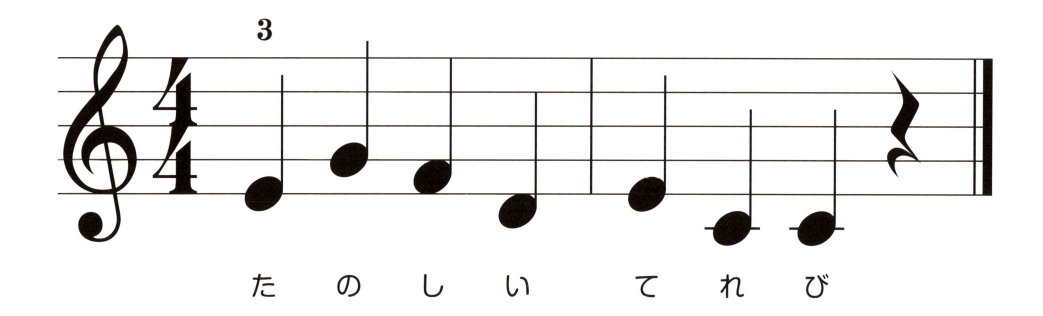

たのしい てれび

くも（みぎて）

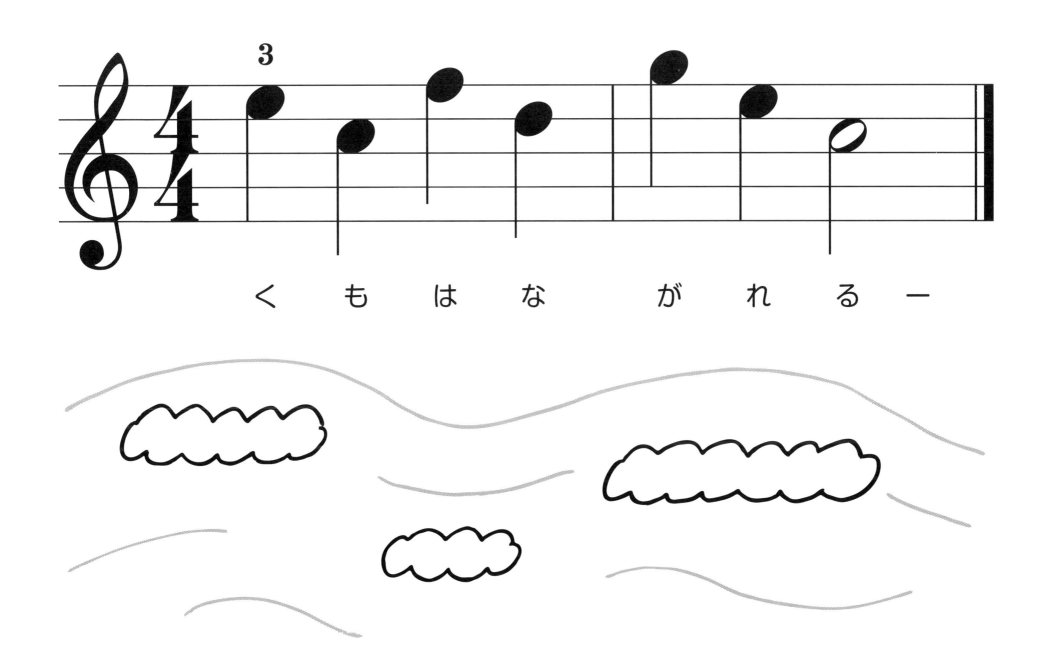

ツリーをかざろう (ひだりて)

つ り ー を か ざ ろう

たいこ（みぎて）

リズムのおけいこ

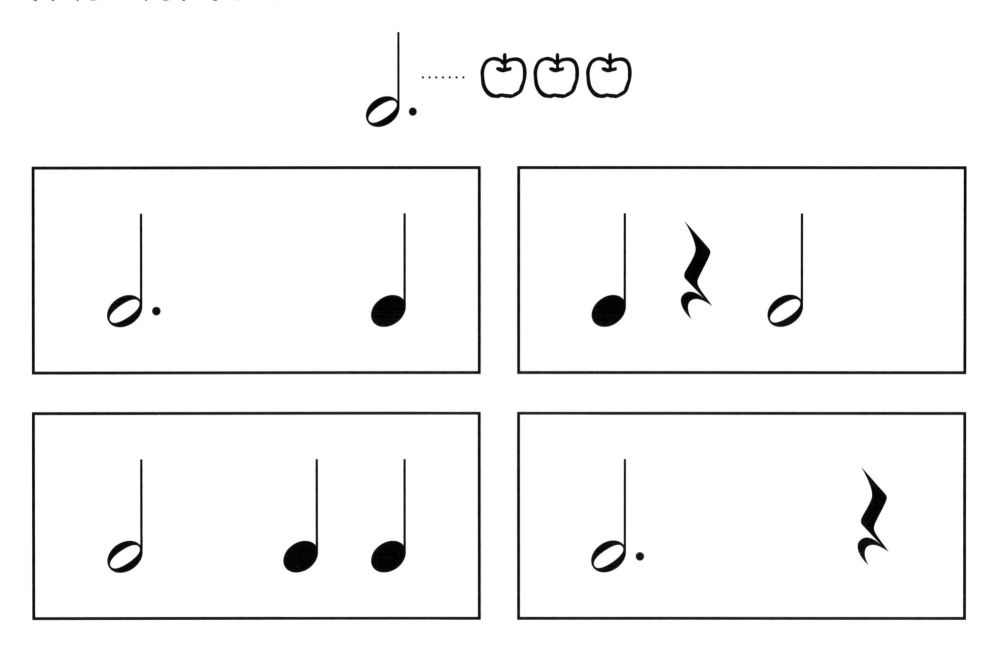

とおいまち（ひだりて）

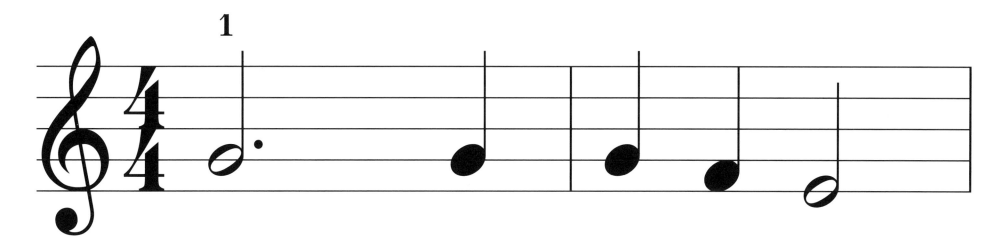

とお ー ー い まち に ー

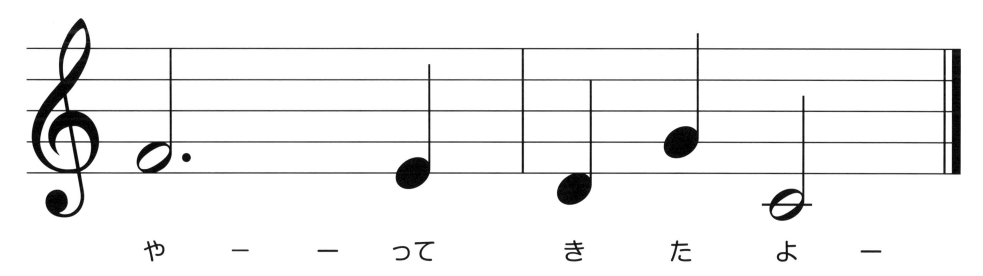

や ー ー って き た よ ー

リズムのおけいこ

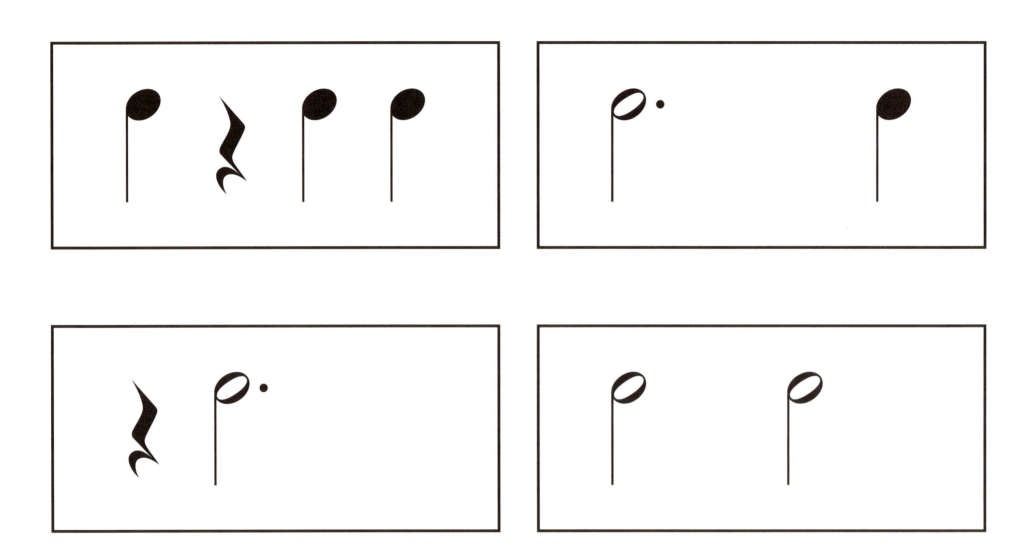

つきよ（みぎて）

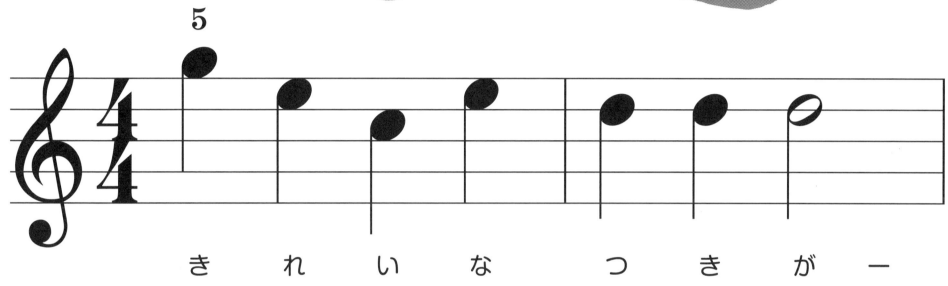

きれいな　つきが　ー

でて　います　ー　ー

もちつき (ひだりて)

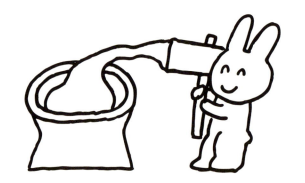

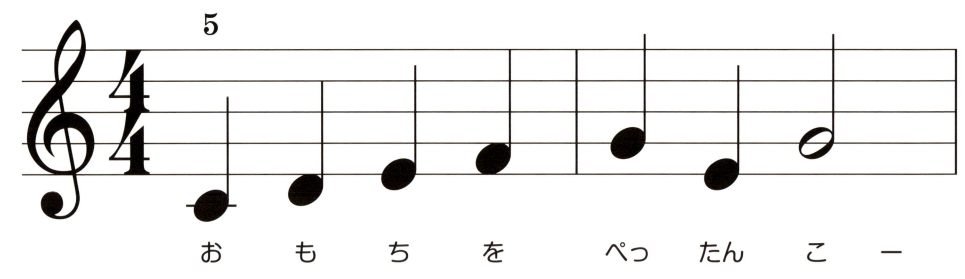

お　も　ち　を　　ぺっ　たん　こ　ー

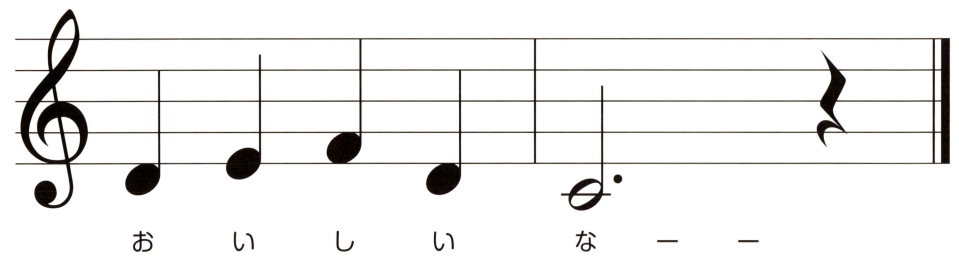

お　い　し　い　　な　ー　ー

ふうりん（みぎて）

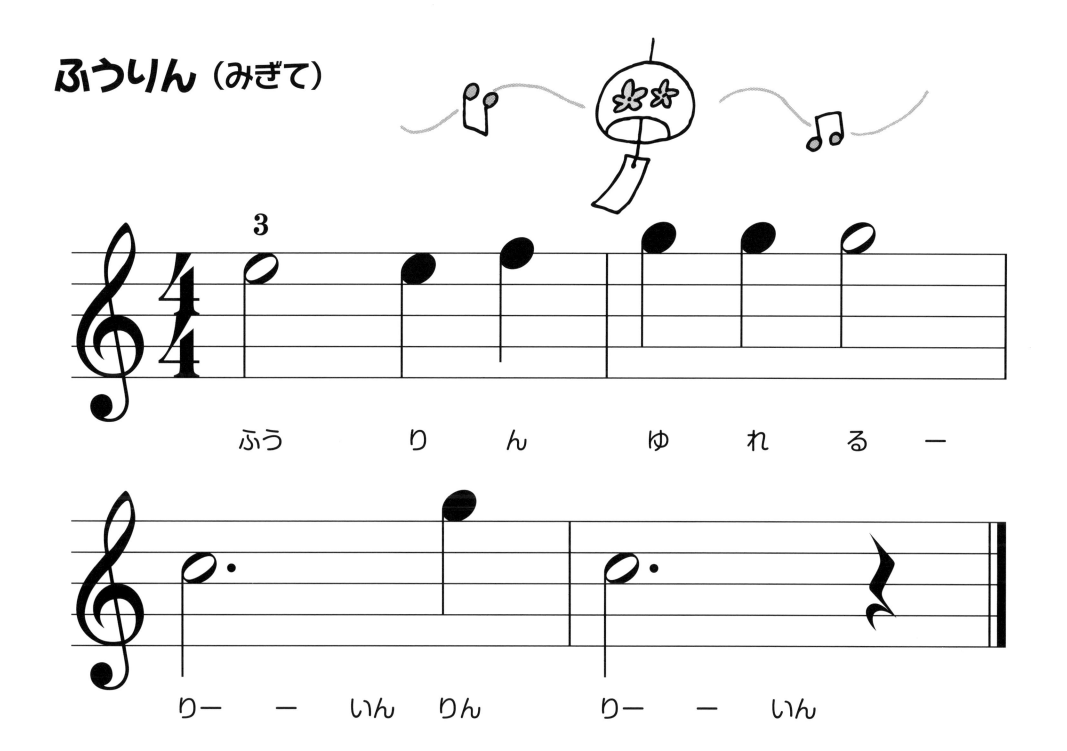

ライオン （ひだりて）

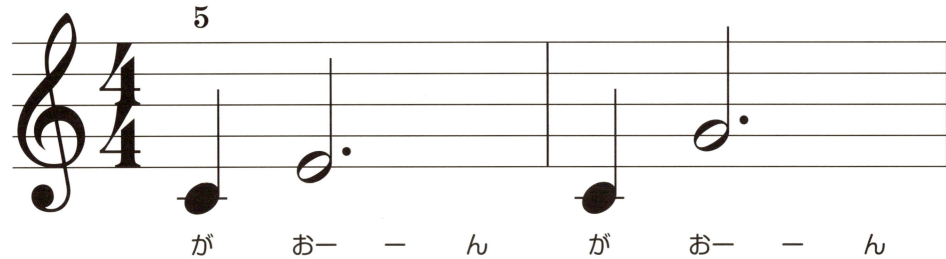
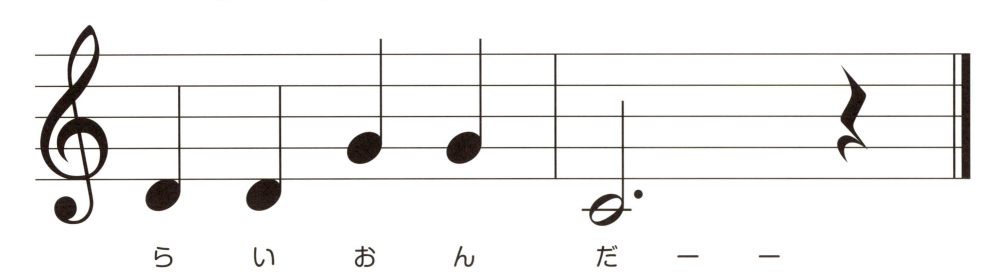

すずめ（みぎて）

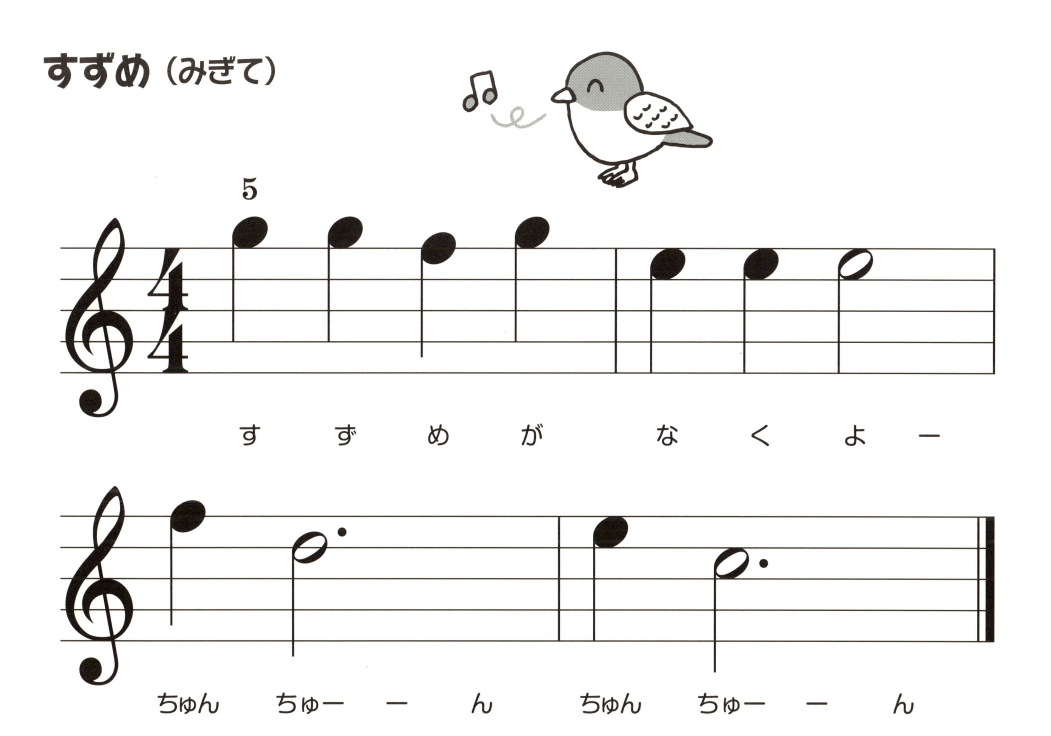

リズムのおけいこ

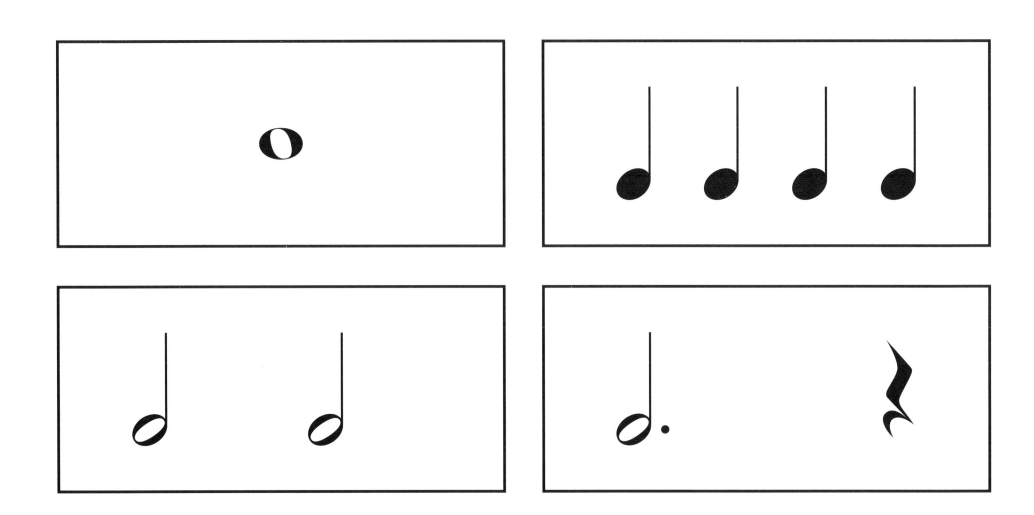

おまつり（ひだりて）

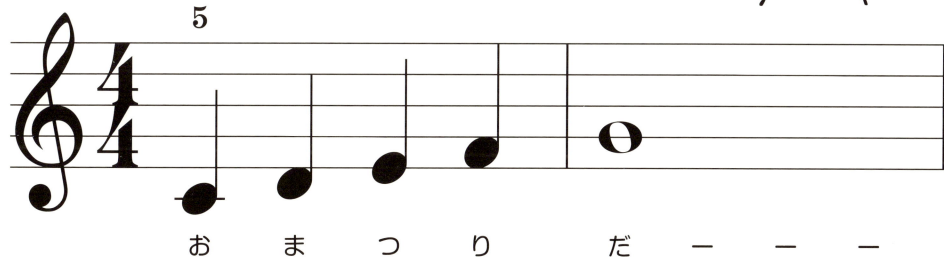

お ま つ り だ ー ー ー

う れ し い な ー ー ー

リズムのおけいこ

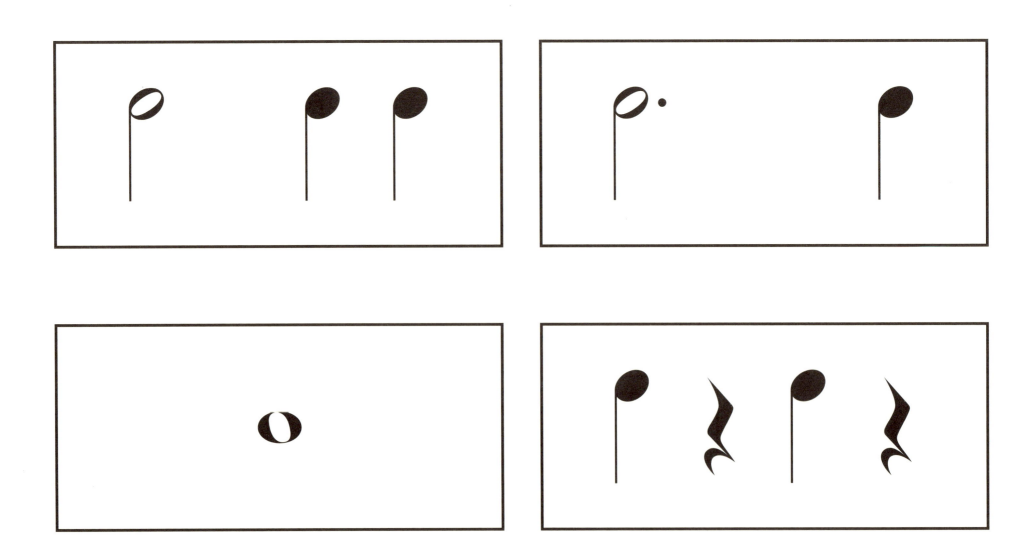

となりのねこ（みぎて）

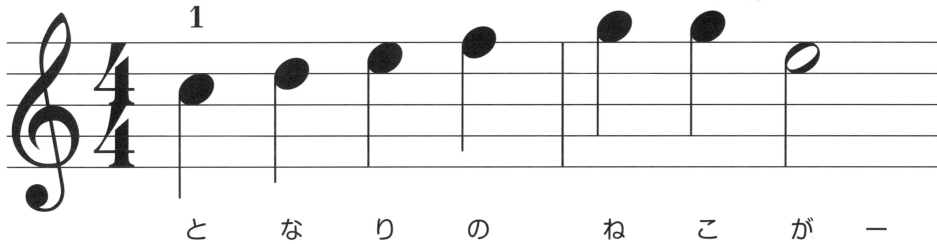

となりの　ねこがー

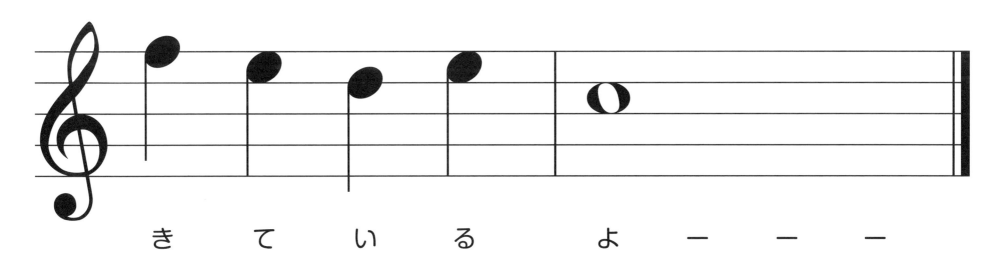

きて　いる　よーーー

リズムのおけいこ （りょうて）

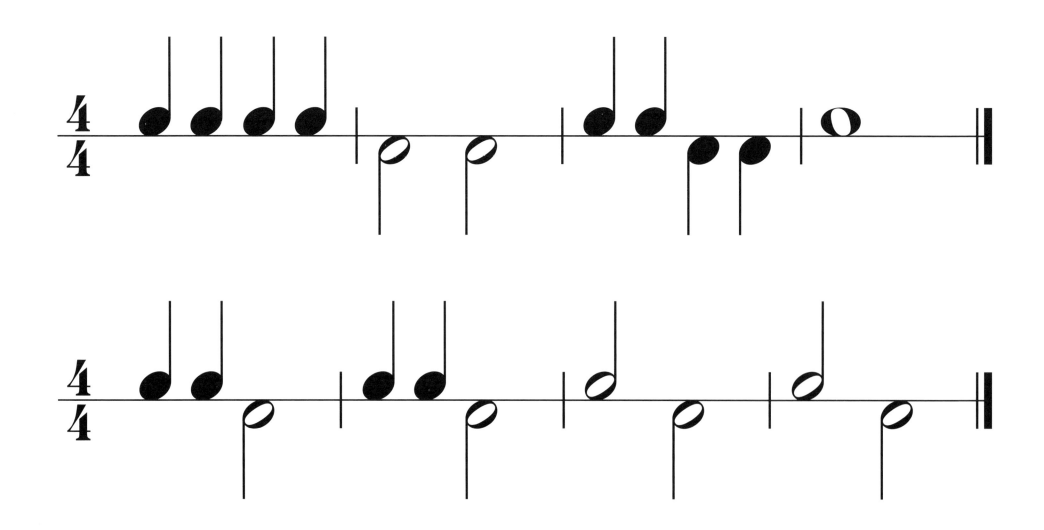

◎ ♩は右手、♩は左手で打ちましょう。

みかんのかわ（ひだりて）

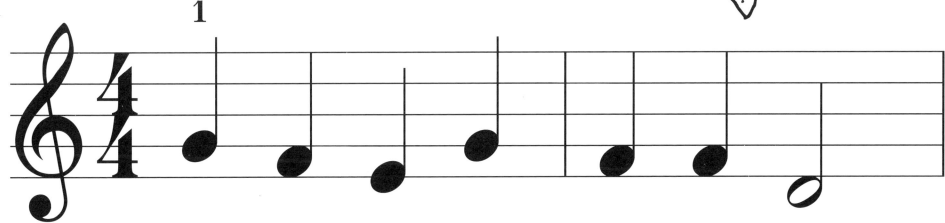

み か ん の か わ を ー

む き ま し た ー ー ー

おさるがきっきっ（みぎて）

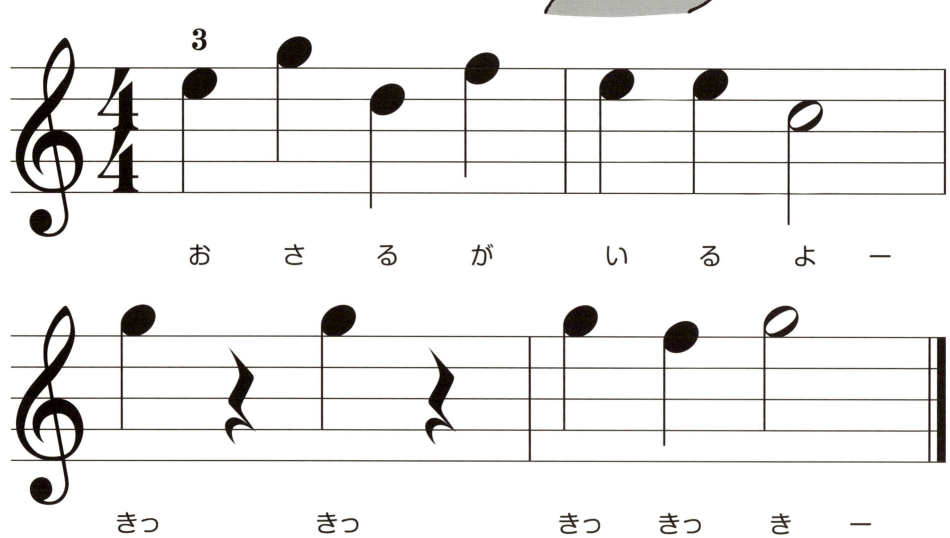

リズムのおけいこ (りょうて)

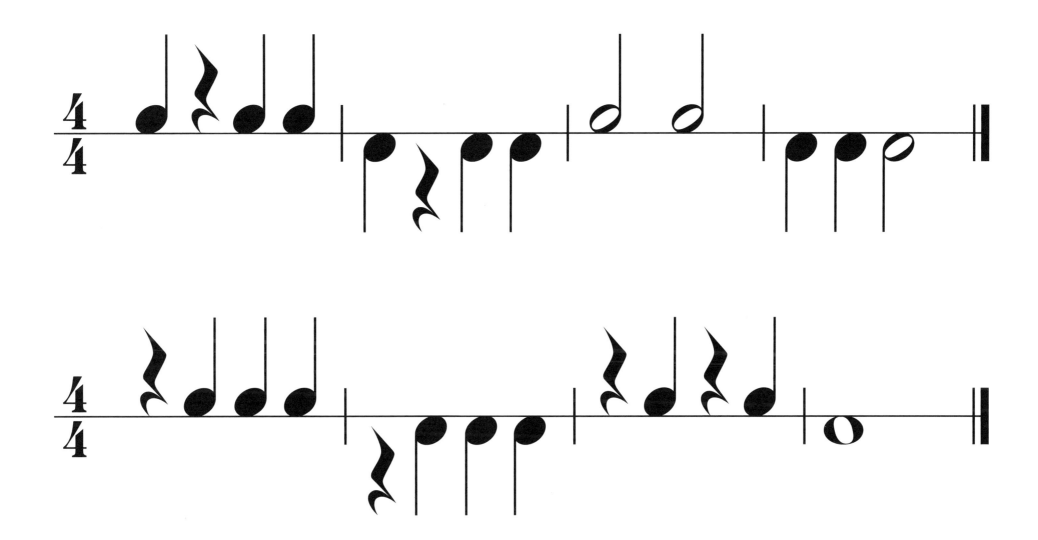

さむいあさ（ひだりて）

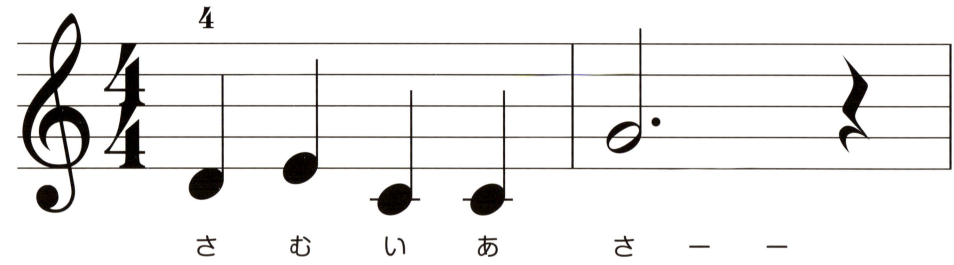

さむいあさーー

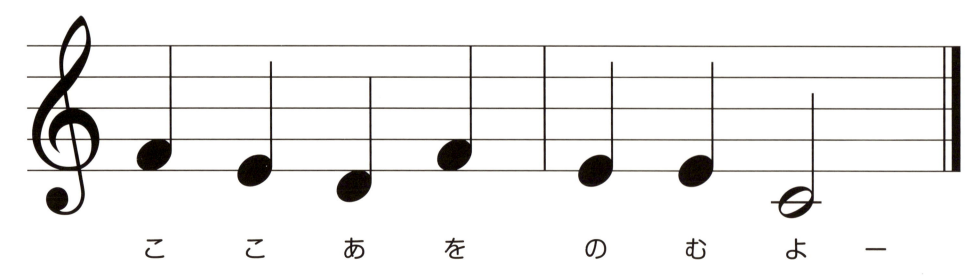

ここあを のむよー

じゃんけんぽん（みぎて）

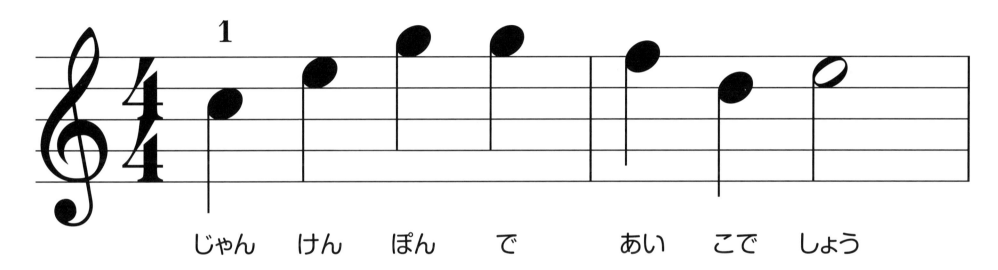

じゃん けん ぽん で　あい こで しょう

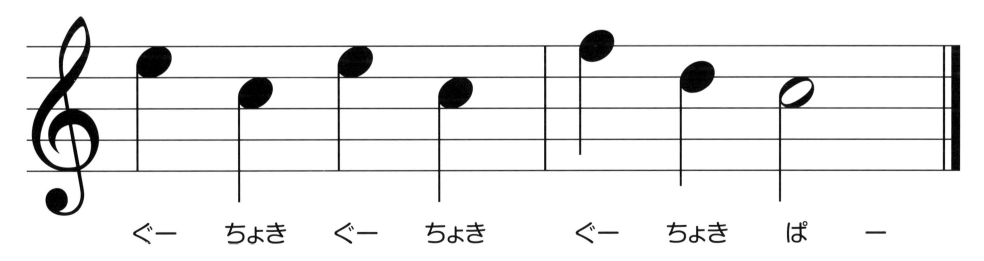

ぐー ちょき ぐー ちょき ぐー ちょき ぱー

リズムのおけいこ (りょうて)

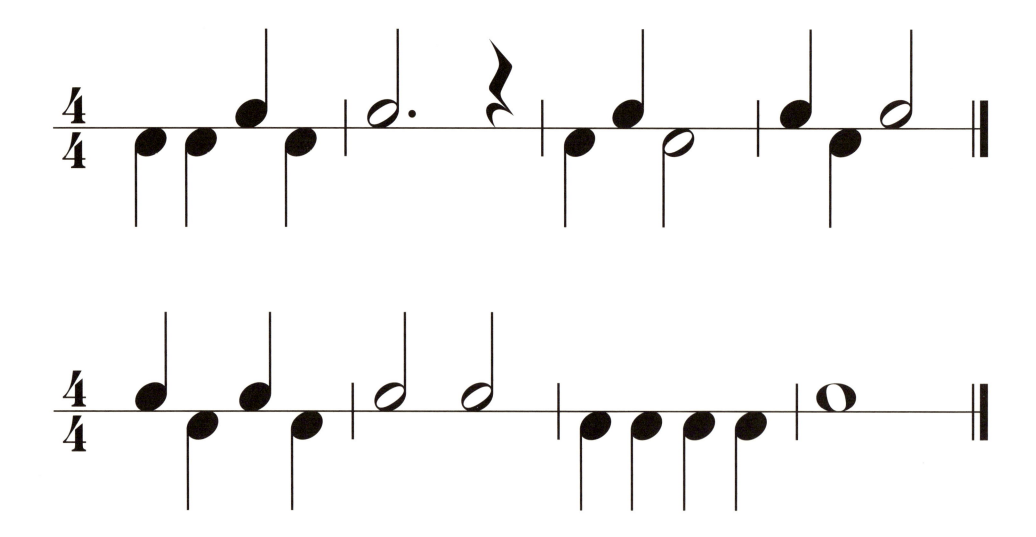

ぞうさんがとおる (ひだりて)

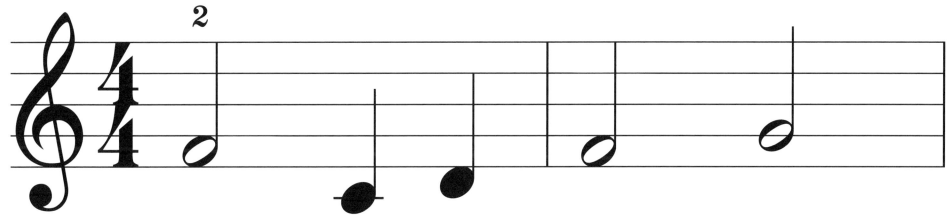

ぞう　さん　が　とお　る　ー

どっしん　どっしん

ふなで（みぎて）

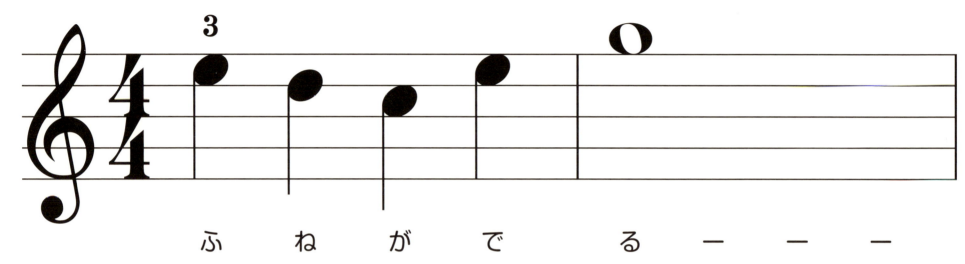

ふね が で る ー ー ー

き て き が ぼ ー ー ー

リズムのおけいこ（りょうて）

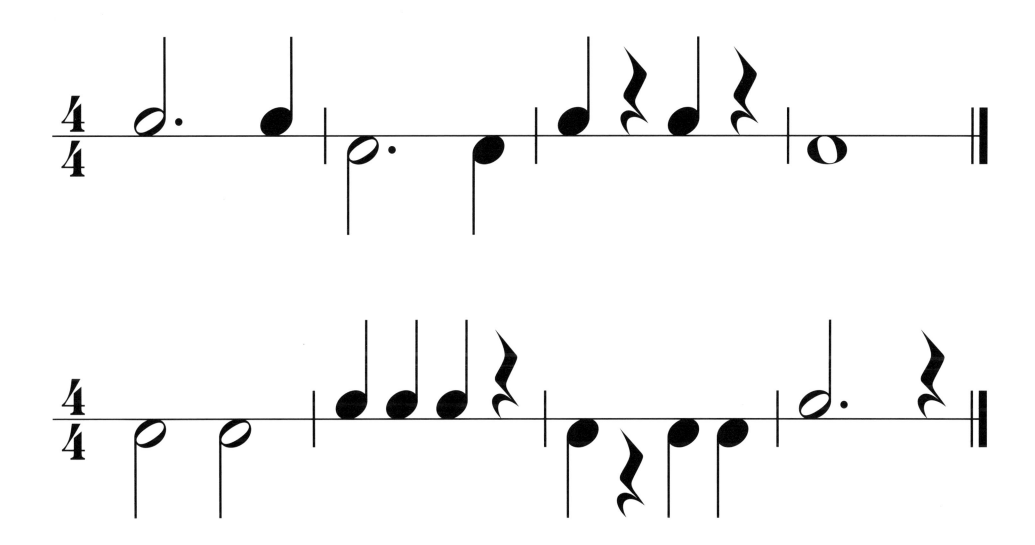

たのしいな！
幼児のうたと音感①〜⑤
各定価　本体 1,200 円＋税

別冊・幼児のうたと音感①〜⑤
（CD＆カードつき）各定価　本体 1,800 円＋税

子供たちの知っている童謡を楽しくうたいながら、音感とリズム感を育成するためのテキスト。言葉のリズムやまねっこゲームで自然な形で耳への集中を高め、音感の基礎を身につけます。別冊として対応 CD が発売されています。

どんどん・どんぐり・おとあてゲーム
①〜③
各定価　CD つき　本体 1,800 円＋税
　　　　CD なし　本体 1,200 円＋税

小さい子がゲームの形で音あてをしながら音の高さやリズム、さらに音の大きさなどの聴音のトレーニングをするテキスト。巻末に問題のページがあるので、先生のピアノですることもできるし、問題が録音された CD つきもあります。小さい子にも理解できるようかわいいイラストで問題を進めていきます。

うたって おどって たのしいな！
幼児の音感ドレミファソラシド①②
（CD対応　おんかんゲームつき）
各定価　本体 1,300 円＋税

うた・まねっこ・音あて
CD音感ドレミファソラシド
㈱ビクター・エンタテインメント
定価　本体 2,095 円＋税

CD に合わせて、元気いっぱいに踊ったり、リズムを打ったりします。YouTube に各曲のお手本がアップされており、自宅学習に最適です。

遠藤蓉子ホームページ　http://yoppii.g.dgdg.jp/
【YouTube】よっぴーのお部屋　レッスンの扉

「はっぴー・ぴあの」にピッタリ対応
ハッピー・ワークブック①〜⑤
（あてっこゲームつき）　各定価 [1,020 円＋税]

とても小さい子のためのワーク・ブックで、線結びやぬりえで楽しく音符を学びます。あてっこゲームは、2 枚のカードによる音のあてっこのゲームで、小さい時から音に敏感になるようゲームの形で導いていきます。

著　者	遠藤蓉子
DTP	アトリエ・ベアール
発行者	鈴木廣史
発行所	株式会社サーベル社
定　価	［本体 1280 円＋税］
発行日	2024 年 9 月 25 日

バイエルに入る前に
はっぴー・ぴあの　④

〒130-0025　東京都墨田区千歳 2-9-13
TEL 03-3846-1051　FAX 03-3846-1391
http://www.saber-inc.co.jp/

この著作物を権利者に無断で複写複製することは、著作権法で禁じられています。
万一、落丁・乱丁の場合は送料小社負担でお取り替えいたします。

ISBN978-4-88371-920-4 C0073 ¥1280E